COLLECTION MICHEL LÉVY

# LA VEILLÉE
# DE VINCENNES

CHEZ LES MÊMES ÉDITEURS

## ŒUVRES COMPLÈTES

DU COMTE

# ALFRED DE VIGNY

Format in-8

CINQ-MARS. Avec authographes de Richelieu et de Cinq-Mars............................. 1 vol.
LES DESTINÉES. Poëmes philosophiques.......... 1 —
POÉSIES COMPLÈTES........................ 1 —
SERVITUDE ET GRANDEUR MILITAIRES............ 1 —
STELLO................................... 1 —
THÉATRE COMPLET........................... 1 —

POISSY. — TYP. ET STÉR. DE A. BOURET.

# LA VEILLÉE
# DE VINCENNES

— SOUVENIRS DE SERVITUDE MILITAIRE —

PAR LE COMTE

## ALFRED DE VIGNY

NOUVELLE ÉDITION

PARIS
MICHEL LÉVY FRÈRES, LIBRAIRES ÉDITEURS
RUE VIVIENNE, 2 BIS, ET BOULEVARD DES ITALIENS, 15
A LA LIBRAIRIE NOUVELLE
—
1867
Droits de reproduction et de traduction réservés

# LA
# VEILLÉE DE VINCENNES

## I

### SUR LA RESPONSABILITÉ

Je me souviens encore de la consternation que cette histoire[1] jeta dans mon âme; ce fut peut-être là le principe de ma lente guérison pour cette maladie de l'enthousiasme militaire. Je me sentis tout à

1. *Laurette ou le Cachet rouge.*

coup humilié de courir des chances de crime, et de me trouver à la main un sabre d'Esclave au lieu d'une épée de Chevalier. Bien d'autres faits pareils vinrent à ma connaissance, qui flétrissaient à mes yeux cette noble espèce d'hommes que je n'aurais voulu voir consacrée qu'à la défense de la patrie. Ainsi, à l'époque de la Terreur, il arriva qu'un autre capitaine de vaisseau reçut, comme toute la marine, l'ordre monstrueux du Comité de salut public de fusiller les prisonniers de guerre; il eut le malheur de prendre un bâtiment anglais, et le malheur plus grand d'obéir à l'ordre du gouvernement. Revenu à terre, il rendit compte de sa honteuse exécution, se retira du service, et mourut de chagrin en peu de temps. Ce capitaine commandait *la Boudeuse*, frégate, qui, la première, fit le tour du monde sous les ordres de M. de Bougainville, mon parent. Ce grand navigateur en pleura, pour l'honneur de son vieux vaisseau.

Ne viendra-t-elle jamais, la loi qui, dans de telles circonstances, mettra d'accord le Devoir et la Conscience? La voix publique a-t-elle tort quand elle s'élève d'âge en âge pour absoudre et pour honorer la désobéissance du vicomte d'Orte, qui répondit à Charles IX lui ordonnant d'étendre à Dax la Saint-Barthélemy parisienne :

« Sire, j'ai communiqué le comman-
» dement de Votre Majesté à ses fidèles
» habitants et gens de guerre; je n'ai
» trouvé que bons citoyens et braves
» soldats, et pas un bourreau. »

Et s'il eut raison de refuser l'obéissance, comment vivons-nous sous des lois que nous trouvons raisonnables de donner la mort à qui refuserait cette même obéissance aveugle? Nous admirons le libre arbitre et nous le tuons; l'absurde ne peut régner ainsi longtemps. Il faudra bien que l'on en vienne à régler les circonstances où la délibération sera permise à l'homme armé et jusqu'à quel rang sera laissée libre l'intelligence, et avec elle l'exercice de la Conscience et de la Justice... Il faudra bien un jour sortir de là.

Je ne me dissimule point que c'est là une question d'une extrême difficulté, et qui touche à la base même de toute discipline. Loin de vouloir affaiblir cette discipline, je pense qu'elle a besoin d'être corroborée sur beaucoup de points parmi nous, et que, devant l'ennemi, les lois ne peuvent être trop draconiennes. Quand l'armée tourne sa poitrine de fer du côté de l'étranger, qu'elle marche et agisse comme un seul homme, cela doit être; mais lorsqu'elle s'est retournée et qu'elle n'a plus devant elle que la mère-patrie, il est bon qu'alors, du moins, elle trouve des lois prévoyantes qui lui permettent d'avoir des entrailles filiales. Il est à souhaiter que des limites immuables soient posées une fois pour toujours à ces ordres absolus donnés aux Armées par le souverain Pouvoir, si souvent tombé en indignes mains, dans notre histoire. Qu'il ne soit jamais possible à quelques aventuriers, parvenus à la Dictature, de transformer en assassins quatre cent mille hommes d'honneur, par une loi d'un jour comme leur règne.

Souvent, il est vrai, je vis, dans les coutumes du service, que, grâce peut-être à l'incurie française et à la facile bonhomie de notre caractère, comme compensation, et tout à côté de cette misère de la Servitude militaire, il régnait dans les Armées une sorte de liberté d'esprit qui adoucissait l'humiliation de l'obéissance passive ; et, remarquant dans tout homme de guerre quelque chose d'ouvert et de noblement dégagé, je pensai que cela venait d'une âme reposée et soulagée du poids énorme de la responsabilité. J'étais fort enfant alors, et j'éprouvai peu à peu que ce sentiment allégeait ma conscience ; il me sembla voir dans chaque général en chef une sorte de Moïse, qui devait seul rendre ses terribles comptes à Dieu, après avoir dit aux fils de Lévi : « Passez et repassez au travers du camp ; que chacun tue son frère, son fils, son ami et celui qui lui est le plus proche. » Et il y eut vingt-trois mille hommes de tués, dit l'Exode, ch. XXXII, v. 27 ; car je savais la Bible par cœur, et ce livre et moi étions tellement inséparables, que dans les plus longues marches il me suivait toujours. On voit quelle fut la première consolation qu'il me donna. Je pensai qu'il faudrait que j'eusse bien du malheur pour qu'un de mes Moïses galonnés d'or m'ordonnât de tuer toute ma famille ; et, en effet, cela ne m'arriva pas, comme je l'avais fort sagement conjecturé. Je pensai aussi que, quand même règnerait sur la terre l'impraticable paix de l'abbé de Saint-Pierre, et quand lui-même serait chargé de régulariser cette liberté et cette égalité universelles, il lui faudrait pour cette œuvre quelques régiments de Lévites à qui il pût dire de ceindre l'épée, à qui leur soumission attirerait la bénédiction du Seigneur. Je cherchais ainsi à capituler avec les monstrueuses résignations de *l'obéissance passive*, en considérant à quelle source elle remontait, et comme tout ordre social semblait appuyé sur l'obéissance ; mais il me fallut bien des raisonnements et bien des paradoxes pour parvenir à lui faire prendre quelque place dans mon âme. J'aimais fort à l'infliger et peu à la subir; je la trouvais admirablement sage sous mes pieds, mais absurde sur ma tête. J'ai vu depuis bien des hommes raisonner ainsi, qui n'avaient pas l'excuse que j'avais alors : j'étais un Lévite de seize ans.

Je n'avais pas alors étendu mes regards sur la patrie entière de notre France, et sur cette autre patrie qui l'entoure, l'Europe; et de là sur la patrie de l'humanité, le globe, qui devient heureusement plus petit chaque jour, resserré dans la main de la civilisation. Je ne pensai pas combien le cœur de l'homme de guerre serait plus léger encore dans sa poitrine, s'il sentait en lui deux hommes, dont l'un obéirait à l'autre; s'il savait qu'après son rôle tout rigoureux dans la guerre, il aurait droit à un rôle tout bienfaisant et non moins glorieux dans la paix; si, à un grade déterminé, il avait des droits d'élection; si, après avoir été longtemps muet dans les camps, il avait sa voix dans la Cité; s'il était exécuteur, dans l'une, des lois qu'il aurait faites dans l'autre, et si, pour voiler le sang de l'épée, il avait la toge. Or, il n'est pas impossible que tout cela n'advienne un jour.

Nous sommes vraiment sans pitié de vouloir qu'un homme soit assez fort pour répondre lui seul de cette nation armée qu'on lui met dans la main. C'est une chose nuisible aux gouvernements mêmes; car l'organisation actuelle, qui suspend ainsi à un seul doigt toute cette chaîne électrique de l'obéissance passive, peut, dans tel cas donné, rendre par trop simple le renversement total d'un État. Telle révolution, à demi formée et recrutée, n'aurait qu'à gagner un ministre de la guerre pour se compléter entièrement. Tout le reste suivrait nécessairement, d'après nos lois, sans que nul anneau se pût soustraire à la commotion donnée d'en haut.

Non, j'en atteste les soulèvements de conscience de tout homme qui a vu couler ou fait couler le sang de ses concitoyens, ce n'est pas assez d'une seule tête pour porter un poids aussi lourd que celui de tant de meurtres; ce ne serait pas trop d'autant de têtes qu'il y a de combattants. Pour être responsables de la loi de sang qu'elles exécutent, il serait juste qu'elles l'eussent au moins bien comprise. Mais les institutions meilleures, réclamées ici, ne seront elles-mêmes que très-passagères; car, encore une fois, les armées et la guerre n'auront qu'un temps; car, malgré les paroles d'un sophiste que j'ai combattu ailleurs, il n'est point vrai que, même contre l'étranger, la guerre soit *divine;* il n'est point vrai que *la terre soit avide de sang.* La guerre est maudite de Dieu et des hommes mêmes qui la font et qui ont d'elle une secrète horreur, et la terre ne crie au ciel que pour lui demander l'eau fraîche de ses fleuves et la rosée pure de ses nuées.

Ce n'est pas, du reste, dans la première jeunesse, toute donnée à l'action, que j'aurais pu me demander s'il n'y avait pas de pays modernes où l'homme de la guerre fût le même que l'homme de la paix, et non un homme séparé de la famille et placé comme son ennemi. Je n'examinais pas ce qu'il nous serait bon de prendre aux anciens sur ce point; beaucoup de projets d'une organisation plus sensée des armées ont été enfantés inutilement. Bien loin d'en mettre aucun à exécution, ou seulement en lumière, il est probable que le Pouvoir, quel qu'il soit, s'en éloignera toujours de plus en plus, ayant intérêt à s'entourer de gladiateurs dans la lutte sans cesse menaçante; cependant l'idée se fera jour et prendra sa forme, comme fait tôt ou tard toute idée nécessaire.

Dans l'état actuel, que de bons sentiments à conserver qui pourraient s'élever encore par le sentiment d'une haute dignité personnelle! J'en ai recueilli bien des exemples dans ma mémoire; j'avais autour de moi, prêts à me les fournir, d'innombrables amis intimes, si gaiement résignés à leur insouciante soumission, si libres d'esprit dans l'esclavage de leur corps, que cette insouciance me gagna un moment comme eux, et, avec elle, ce calme parfait du soldat et de l'officier, calme qui est précisément celui du cheval mesurant noblement son allure entre la bride et l'éperon, et fier de n'être nullement responsable. Qu'il me soit donc permis de donner, dans la simple histoire d'un brave homme et d'une famille de soldat que je ne fis qu'entrevoir, un exemple, plus doux que le premier, de ces longues résignations de toute la vie, pleines d'honnêteté, de pudeur et de bonhomie, très-communes dans notre armée, et dont la vue repose l'âme quand on vit en même temps, comme je le faisais, dans un monde élégant, d'où l'on descend avec plaisir pour étudier des mœurs plus naïves, tout arriérées qu'elles sont.

Telle qu'elle est, l'Armée est un bon livre à ouvrir pour connaître l'humanité; on y apprend à mettre la main à tout, aux choses les plus basses comme aux plus élevées; les plus délicats et les plus riches sont forcés de voir vivre de près la pauvreté et de vivre avec elle, de lui mesurer son gros pain et de lui peser sa viande. Sans l'armée, tel fils de grand seigneur ne soupçonnerait pas comment un soldat vit, grandit, engraisse toute l'année avec neuf sous par jour et une cruche d'eau fraîche, portant sur le dos un sac dont le contenant et le contenu coûtent quarante francs à sa patrie.

Cette simplicité de mœurs, cette pauvreté insouciante et joyeuse de tant de jeunes gens, cette vigoureuse et saine existence, sans fausse politesse ni fausse sensibilité, cette allure mâle donnée à tout, cette uniformité de sentiments imprimés par la discipline, sont des liens d'habitude grossiers, mais difficiles à rompre, et qui ne manquent pas d'un certain charme inconnu aux autres professions. J'ai vu des officiers prendre cette existence en passion au point de ne pouvoir la quitter quelque temps sans ennui, même pour retrouver les plus élégantes et les plus chères coutumes de leur vie. — Les régiments sont des couvents d'hommes, mais des couvents nomades; partout ils portent leurs usages empreints de gravité, de silence, de retenue. On y remplit bien les vœux de Pauvreté et d'Obéissance.

Le caractère de ces reclus est indélébile comme celui des moines, et jamais je n'ai revu l'uniforme d'un de mes régiments sans un battement de cœur.

## II

## LES SCRUPULES D'HONNEUR D'UN SOLDAT

## II

LES SCRUPULES D'HONNEUR D'UN SOLDAT

Un soir de l'été de 1819, je me promenais à Vincennes dans l'intérieur de la forteresse, où j'étais en garnison avec Timoléon d'Arc***, lieutenant de la Garde comme moi ; nous avions fait, selon l'habitude, la promenade au polygone, assisté à l'étude du tir à ricochet, écouté et raconté paisiblement les histoires de guerre, discuté sur l'école Polytechnique, sur sa formation, son utilité, ses défauts, et sur les hommes au teint jaune qu'avait fait pousser ce terroir géométrique. La couleur pâle de l'école, Timoléon l'avait aussi sur le front. Ceux qui l'ont connu se rappelleront comme moi sa figure régulière et un peu amaigrie, ses grands yeux noirs et les sourcils arqués qui les recouvraient, et le sérieux si doux et rarement troublé de son visage spartiate; il était fort préoccupé ce soir-là de notre conversation très-longue sur le système des probabilités de Laplace. Je me souviens qu'il tenait sous le bras ce livre, que nous avions en grande estime, et dont il était souvent tourmenté.

La nuit tombait, ou plutôt s'épanouissait; une belle nuit d'août. Je regardais avec plaisir la chapelle construite par saint Louis, et cette couronne de tours moussues et à demi ruinées qui servait alors de parure à Vincennes; le donjon s'élevait au-dessus d'elle comme un roi au milieu de ses gardes. Les petits croissants de la chapelle brillaient parmi les premières étoiles, au bout de leurs longues flèches. L'odeur fraîche et suave du bois nous parvenait par-dessus les remparts, et il n'y avait pas jusqu'au gazon des batteries qui n'exhalât une haleine de soir d'été. Nous nous assîmes sur un grand canon Louis XIV, et nous regardâmes en silence quelques jeunes soldats qui essayaient leur force en soulevant tour à tour une bombe au bout du bras, tandis que les autres rentraient lentement et passaient le pont-levis deux par deux ou quatre par quatre, avec toute la paresse du désœuvrement militaire. Les cours étaient remplies de caissons de l'artillerie, ouverts et chargés de poudre, préparés pour la revue du lendemain. A côté, près de la porte du bois, un vieil Adjudant d'artillerie ouvrait et refermait, souvent avec inquiétude, la porte très-légère d'une petite tour, poudrière et arsenal, appartenant à l'artillerie à pied, et remplie de barils de poudre, d'armes et de munitions de guerre. Il nous salua en passant. C'était un homme d'une taille élevée, mais un peu voûtée. Ses cheveux étaient rares et blancs, sa moustache blanche et épaisse, son air ouvert, robuste et frais encore, heureux, doux et sage. Il tenait trois grands registres à la main, et y vérifiait de longues colonnes de chiffres. Nous lui demandâmes pourquoi il travaillait si tard, contre sa coutume. Il nous répondit, avec le ton de respect et de calme des vieux soldats, que c'était le lendemain un jour d'inspection générale à cinq heures du matin; qu'il était responsable des poudres, et qu'il ne cessait de les examiner et de recommencer vingt fois ses comptes, pour être à l'abri du plus léger reproche de négligence; qu'il avait voulu aussi profiter des dernières lueurs du jour, parce que la consigne était sévère et défendait d'entrer la nuit dans la poudrière avec un flambeau ou même avec une lanterne sourde; qu'il était désolé de n'avoir pas eu le temps de tout voir, et qu'il lui restait encore quelques obus à examiner; qu'il voudrait bien pouvoir revenir dans la nuit; et il regardait avec un peu d'impatience le grenadier que l'on posait en faction à la porte, et qui devait l'empêcher d'y rentrer.

Après nous avoir donné ces détails, il

se mit à genoux et regarda sous la porte s'il n'y restait pas une traînée de poudre. Il craignait que les éperons ou les fers des bottes des officiers ne vinssent à y mettre le feu le lendemain.

— Ce n'est pas cela qui m'occupe le plus, dit-il en se relevant, mais ce sont mes registres ; et il les regardait avec regret.

— Vous êtes trop scrupuleux, dit Timoléon.

— Ah! mon lieutenant, quand on est dans la Garde on ne peut pas trop l'être sur son honneur. Un de nos maréchaux des logis s'est brûlé la cervelle lundi dernier, pour avoir été mis à la salle de police. Moi, je dois donner l'exemple aux sous-officiers. Depuis que je sers dans la Garde je n'ai pas eu un reproche de mes chefs, et une punition me rendrait bien malheureux.

Il est vrai que ces braves soldats, pris dans l'armée parmi l'élite de l'élite, se croyaient déshonorés pour la plus légère faute.

— Allez, vous êtes tous les puritains de l'honneur, lui dis-je en lui frappant sur l'épaule.

Il salua et se retira vers la caserne où était son logement; puis, avec une innocence de mœurs particulière à l'honnête race des soldats, il revint apportant du chenevis dans le creux de ses mains à une poule qui élevait ses douze poussins sous le vieux canon de bronze où nous étions assis.

C'était bien la plus charmante poule que j'aie connue de ma vie; elle était blanche, sans une seule tache, et ce brave homme, avec ses gros doigts mutilés à Marengo et Austerlitz, lui avait collé sur la tête une petite aigrette rouge, et sur la poitrine un petit collier d'argent avec une plaque à son chiffre. La bonne poule en était fière et reconnaissante à la fois. Elle savait que les sentinelles la faisaient toujours respecter, et elle n'avait peur de personne, pas même d'un petit cochon de lait et d'une chouette qu'on avait logés auprès d'elle sous le canon voisin. La belle poule faisait le bonheur des canonniers ; elle recevait de nous tous des miettes de pain et de sucre tant que nous étions en uniforme ; mais elle avait horreur de l'habit bourgeois, et, ne nous reconnaissant plus sous ce déguisement, elle s'enfuyait avec sa famille sous le canon de Louis XIV ; magnifique canon sur lequel était gravé l'éternel soleil avec son *Nec pluribus impar*, et l'*Ultima ratio Regum*. Et il logeait une poule là-dessous !

Le bon Adjudant nous parla d'elle en fort bons termes. Elle fournissait des œufs à lui et à sa fille avec une générosité sans pareille ; et il l'aimait tant, qu'il n'avait pas eu le courage de tuer un seul de ses poulets, de peur de l'affliger. Comme il racontait ses bonnes mœurs, les tambours et les trompettes sonnèrent à la fois l'appel du soir. On allait lever les ponts, et les concierges en faisaient résonner les chaînes. Nous n'étions pas de service, et nous sortîmes par la porte du bois. Timoléon, qui n'avait cessé de faire des angles sur le sable avec le bout de son épée, s'était levé du canon en regrettant ses triangles comme moi je regrettais ma poule blanche et mon Adjudant.

Nous tournâmes à gauche, en suivant les remparts ; et, passant ainsi devant le tertre de gazon élevé au duc d'Enghien sur son corps fusillé et sa tête écrasée par un pavé, nous côtoyâmes les fossés en y regardant le petit chemin blanc qu'il avait pris pour arriver à cette fosse.

Il y a deux sortes d'hommes qui peuvent très-bien se promener ensemble cinq heures de suite sans se parler : ce sont les prisonniers et les officiers. Condamnés à se voir toujours, quand ils sont tous réunis, chacun est seul. Nous allions en silence, les bras derrière le dos. Je remarquai que Timoléon tournait et retournait sans cesse une lettre au clair de la lune; c'était une petite lettre de forme longue; j'en connaissais la figure et l'auteur féminin, et j'étais accoutumé à le voir rêver tout un jour sur cette petite écriture fine et élégante. Aussi nous étions arrivés au village en face du château, nous avions monté l'escalier de notre petite maison blanche ; nous allions nous séparer sur le carré de nos appartements voisins, que je n'avais pas dit une parole. Là seulement, il me dit tout à coup :

— Elle veut absolument que je donne ma démission ; qu'en pensez-vous ?

— Je pense, dis-je, qu'elle est belle comme un ange, parce que je l'ai vue; je pense que vous l'aimez comme un fou, parce que je vous vois depuis deux ans tel que ce soir ; je pense que vous avez une assez belle fortune, à en juger par vos chevaux et votre train ; je pense que vous avez fait assez vos preuves pour vous retirer, et qu'en temps de paix ce n'est pas un grand sacrifice ; mais je pense aussi à une seule chose...

— Laquelle ? dit-il en souriant assez amèrement, parce qu'il devinait.

— C'est qu'elle est mariée, dis-je plus gravement ; vous le savez mieux que moi, mon pauvre ami.

— C'est vrai, dit-il, pas d'avenir.

— Et le service sert à vous faire oublier cela quelquefois, ajoutai-je.

— Peut-être, dit-il ; mais il n'est pas probable que mon étoile change à l'armée. Remarquez dans ma vie que jamais je n'ai rien fait de bien qui ne restât inconnu ou mal interprété.

— Vous liriez Laplace toutes les nuits, dis-je, que vous ne trouveriez pas de remède à cela.

Et je m'enfermai chez moi pour écrire un poëme sur le Masque de fer, poëme que j'appelai : LA PRISON.

# III

## SUR L'AMOUR DU DANGER

III

SUR L'AMOUR DU DANGER

L'isolement ne saurait être trop complet pour les hommes que je ne sais quel démon poursuit par les illusions de poésie. Le silence était profond, et l'ombre épaisse sur les tours du vieux Vincennes. La garnison dormait depuis neuf heures du soir. Tous les feux s'étaient éteints à dix heures par ordre des tambours. On n'entendait que la voix des sentinelles placées sur le rempart et s'envoyant et répétant, l'une après l'autre, leur cri long et mélancolique : *Sentinelle, prenez garde à vous!* Les corbeaux des tours répondaient plus tristement encore, et, ne s'y croyant plus en sûreté, s'envolaient plus haut jusqu'au donjon. Rien ne pouvait plus me troubler, et pourtant quelque chose me troublait, qui n'était ni bruit, ni lumière. Je voulais et ne pouvais pas écrire. Je sentais quelque chose dans ma pensée, comme une tache dans une émeraude; c'était l'idée que quelqu'un auprès de moi veillait aussi, et veillait sans consolation, profondément tourmenté. Cela me gênait. J'étais sûr qu'il avait besoin de se confier, et j'avais fui brusquement sa confidence par désir de me livrer à mes idées favorites. J'en étais puni maintenant par le trouble de ces idées mêmes. Elles ne volaient pas librement et largement, et il me semblait que leurs ailes étaient appesanties, mouillées peut-être par une larme secrète d'un ami délaissé.

Je me levai de mon fauteuil. J'ouvris la fenêtre, et je me mis à respirer l'air embaumé de la nuit. Une odeur de forêt venait à moi, par-dessus les murs, un peu mélangée d'une faible odeur de poudre ; cela me rappela ce volcan sur lequel vivaient et dormaient trois mille hommes dans une sécurité parfaite. J'aperçus sur la grande baraque du fort, séparé du village par un chemin de quarante pas tout au plus, une lueur projetée par la lampe de mon jeune voisin ; son ombre passait et repassait sur la muraille, et je vis à ses épaulettes qu'il n'avait pas même songé à se coucher. Il était minuit. Je sortis brusquement de ma chambre et j'entrai chez lui. Il ne fut nullement étonné de me voir, et dit tout de suite que s'il était encore debout, c'était pour finir une lecture de Xénophon qui l'intéressait fort. Mais comme il n'y avait pas un seul livre ouvert dans sa chambre, et qu'il tenait encore à la main son petit billet de femme, je ne fus pas sa dupe ; mais j'en eus l'air. Nous nous mîmes à la fenêtre, et je lui dis, essayant d'approcher mes idées des siennes :

— Je travaillais aussi de mon côté, et

je cherchais à me rendre compte de cette sorte d'aimant qu'il y a pour nous dans l'acier d'une épée. C'est une attraction irrésistible qui nous retient au service malgré nous, et fait que nous attendons toujours un événement ou une guerre. Je ne sais pas (et je venais vous en parler) s'il ne serait pas vrai de dire et d'écrire qu'il y a dans les armées une passion qui leur est particulière et qui leur donne la vie ; une passion qui ne tient ni de l'amour de la gloire, ni de l'ambition ; c'est une sorte de combat corps à corps contre la destinée, une lutte qui est la source de mille voluptés inconnues au reste des hommes, et dont les triomphes intérieurs sont remplis de magnificence; enfin, c'est l'Amour du danger !

— C'est vrai, me dit Timoléon.

Je poursuivis :

— Que serait-ce donc qui soutiendrait le marin sur la mer? qui le consolerait dans cet ennui d'un homme qui ne voit que des hommes? Il part, et dit adieu à la terre; adieu au sourire des femmes, adieu à leur amour; adieu aux amitiés choisies et aux tendres habitudes de la vie; adieu aux bons vieux parents; adieu à la belle nature des campagnes, aux arbres, aux gazons, aux fleurs qui sentent bon, aux rochers sombres, aux bois mélancoliques pleins d'animaux silencieux et sauvages ; adieu aux grandes villes, au travail perpétuel des arts, à l'agitation sublime de toutes les pensées dans l'oisiveté de la vie, aux relations élégantes, mystérieuses et passionnées du monde ; il dit adieu à tout, et part. Il va trouver trois ennemis : l'eau, l'air et l'homme ; et toutes les minutes de sa vie vont en avoir un à combattre. Cette magnifique inquiétude le délivre de l'ennui. Il vit dans une perpétuelle victoire ; c'en est une que de passer seulement sur l'Océan et de ne pas s'engloutir en sombrant ; c'en est une que d'aller où il veut et de s'enfoncer dans les bras du vent contraire ; c'en est une que de courir devant l'orage et de s'en faire suivre comme d'un valet ; c'en est une que d'y dormir et d'y établir son cabinet d'étude. Il se couche avec le sentiment de sa royauté, sur le dos de l'Océan, comme saint Jérôme sur son lion, et jouit de la solitude qui est aussi son épouse.

— C'est grand, dit Timoléon ; et je remarquai qu'il posait la lettre sur la table.

— Et c'est l'AMOUR DU DANGER qui le nourrit, qui fait que jamais il n'est un moment désœuvré, qu'il se sent en lutte, et qu'il a un but. C'est la lutte qu'il nous faut toujours ; si nous étions en campagne, vous ne souffririez pas tant.

— Qui sait ? dit-il.

— Vous êtes aussi heureux que vous pouvez l'être ; vous ne pouvez pas avancer dans votre bonheur. Ce bonheur-là est une impasse véritable.

— Trop vrai ! trop vrai ! l'entendis-je murmurer.

— Vous ne pouvez pas empêcher qu'elle n'ait un jeune mari et un enfant, et vous ne pouvez pas conquérir plus de liberté que vous n'en avez ; voilà votre supplice, à vous !

Il me serra la main : — Et toujours mentir ! dit-il. Croyez-vous que nous ayons la guerre ?

— Je n'en crois pas un mot, répondis-je.

— Si je pouvais seulement savoir si elle est au bal ce soir ! Je lui avais bien défendu d'y aller.

— Je me serais bien aperçu, sans ce que vous me dites là, qu'il est minuit, lui dis-je; vous n'avez pas besoin d'Austerlitz, mon ami, vous êtes assez occupé; vous pouvez dissimuler et mentir encore pendant plusieurs années. Bonsoir.

# IV

## LE CONCERT DE FAMILLE

## IV

LE CONCERT DE FAMILLE

Comme j'allais me retirer, je m'arrêtai, la main sur la clef de sa porte, écoutant avec étonnement une musique assez rapprochée et venue du château même. Entendue de la fenêtre, elle nous sembla formée de deux voix d'hommes, d'une voix de femme et d'un piano. C'était pour moi une douce surprise, à cette heure de la nuit. Je proposai à mon camarade de l'aller écouter de plus près. Le petit pont-levis, parallèle au grand, et destiné à laisser passer le gouverneur et les officiers pendant une partie de la nuit, était ouvert encore. Nous rentrâmes dans le fort, et, en rôdant par les cours, nous fûmes guidés par le son jusque sous les fenêtres ouvertes que je reconnus pour celles du bon vieux Adjudant d'artillerie.

Ces grandes fenêtres étaient au rez-de-chaussée, et, nous arrêtant en face, nous découvrîmes, jusqu'au fond de l'appartement, la simple famille de cet honnête soldat.

Il y avait, au fond de la chambre, un petit piano de bois d'acajou, garni de vieux ornements de cuivre. L'Adjudant (tout âgé et tout modeste qu'il nous avait paru d'abord) était assis devant le clavier, et jouait une suite d'accords, d'accompagnements et de modulations simples, mais harmonieusement unies entre elles. Il tenait les yeux élevés au ciel, et n'avait point de musique devant lui; sa bouche était entr'ouverte avec délices sous l'épaisseur de ses longues moustaches blanches. Sa fille, debout à sa droite, allait chanter ou venait de s'interrompre ; car elle regardait avec inquiétude, la bouche entr'ouverte encore, comme lui. A sa gauche, un jeune sous-officier d'artillerie légère de la Garde, vêtu de l'uniforme sévère de ce beau corps, regardait cette jeune personne comme s'il n'eût pas cessé de l'écouter.

Rien de si calme que leurs poses, rien de si décent que leur maintien, rien de si heureux que leurs visages. Le rayon qui tombait d'en haut sur ces trois fronts n'y éclairait pas une expression soucieuse; et le doigt de Dieu n'y avait écrit que bonté, amour et pudeur.

Le froissement de nos épées sur le mur les avertit que nous étions là. Le brave homme nous vit, et son front chauve en rougit de surprise et, je pense aussi, de satisfaction. Il se leva avec empressement, et, prenant un des trois chandeliers qui l'éclairaient, vint nous ouvrir et nous fit asseoir. Nous le priâmes de continuer son concert de famille; et, avec une simplicité noble, sans s'excuser et sans demander indulgence, il dit à ses enfants :

— Où en étions-nous ?

Et les trois voix s'élevèrent en chœur avec une indicible harmonie.

Timoléon écoutait et restait sans mouvement ; pour moi, cachant ma tête et mes yeux, je me mis à rêver avec un attendrissement qui, je ne sais pourquoi, était douloureux. Ce qu'ils chantaient emportait mon âme dans des régions de larmes et de mélancoliques félicités, et, poursuivi peut-être par l'importune idée de mes travaux du soir, je changeais en mobiles images les mobiles modulations des voix. Ce qu'ils chantaient était un de ces chœurs écossais, une des anciennes mélodies des Bardes que chante encore l'écho sonore des Orcades. Pour moi, ce chœur mélancolique s'élevait lentement et s'évaporait tout à coup comme les brouillards des montagnes d'Ossian; ces brouillards qui se forment sur l'écume mousseuse des torrents de l'Arven, s'épaississent lentement et semblent se gonfler et se grossir, en montant, d'une foule innombrable de fantômes tourmentés et tordus par les vents. Ce sont des guerriers qui rêvent toujours, le casque appuyé sur la main, et dont les larmes et le sang tombent goutte à goutte dans les eaux noires des rochers; ce sont des beautés pâles dont les cheveux s'allongent en arrière, comme les rayons d'une lointaine comète, et se fondent dans le sein humide de la lune : elles passent vite, et leurs pieds s'évanouissent enveloppés dans les plis vaporeux de leurs robes blanches ; elles n'ont pas d'ailes, et volent. Elles volent en tenant des harpes, elles volent les yeux baissés et la bouche entr'ouverte avec innocence ; elles jettent un cri en passant et se perdent, en montant, dans la douce lumière qui les appelle. Ce sont des navires aériens qui semblent se heurter contre des rives sombres et se plonger dans des flots épais; les montagnes se penchent pour les pleurer, et les dogues noirs élèvent leurs têtes difformes et hurlent longuement, en regardant le disque qui tremble au ciel, tandis que la mer secoue les colonnes blanches des Orcades qui sont rangées comme les tuyaux d'un orgue immense, et répandent, sur l'Océan, une harmonie déchirante et mille fois prolongée dans la caverne où les vagues sont enfermées.

La musique se traduisait ainsi en sombres images dans mon âme, bien jeune encore, ouverte à toutes les sympathies et comme amoureuse de ses douleurs fictives.

C'était, d'ailleurs, revenir à la pensée de celui qui avait inventé ces chants tristes et puissants, que de les sentir de la sorte. La famille heureuse éprouvait elle-même la forte émotion qu'elle donnait, et une vibration profonde faisait quelquefois trembler les trois voix.

Le chant cessa, et un long silence lui

succéda. La jeune personne, comme fatiguée, s'était appuyée sur l'épaule de son père ; sa taille était élevée et un peu ployée, comme par faiblesse; elle était mince et paraissait avoir grandi trop vite, et sa poitrine, un peu amaigrie, en paraissait affectée. Elle baisait le front chauve, large et ridé de son père, et abandonnait sa main au jeune sous-officier qui la pressait sur ses lèvres.

Comme je me serais bien gardé, par amour-propre, d'avouer tout haut mes rêveries intérieures, je me contentai de dire froidement :

— Que le ciel accorde de longs jours et toutes sortes de bénédictions à ceux qui ont le don de traduire la musique littéralement ! Je ne puis trop admirer un homme qui trouve à une symphonie le défaut d'être trop Cartésienne, et à une autre de pencher vers le système de Spinosa ; qui se récrie sur le panthéisme d'un trio et l'utilité d'une ouverture à l'amélioration de la classe la plus nombreuse. Si j'avais le bonheur de savoir comme quoi un bémol de plus à la clef peut rendre un quatuor de flûtes et de bassons plus partisan du Directoire que du Consulat et de l'Empire, je ne parlerais plus, je chanterais éternellement ; je foulerais aux pieds des mots et des phrases, qui ne sont bons tout au plus que pour une centaine de départements, tandis que j'aurais le bonheur de dire mes idées fort clairement à tout l'univers avec mes sept notes. Mais, dépourvu de cette science comme je suis, ma conversation musicale serait si bornée, que mon seul parti à prendre est de vous dire, en langue vulgaire, la satisfaction que me cause surtout votre vue et le spectacle de l'accord plein de simplicité et de bonhomie qui règne dans votre famille. C'est au point que ce qui me plaît le plus dans votre petit concert, c'est le plaisir que vous y prenez ; vos âmes me semblent plus belles encore que la plus belle musique que le Ciel ait jamais entendue monter à lui, de notre misérable terre, toujours gémissante.

Je tendais la main avec effusion à ce bon père, et il la serra avec l'expression d'une reconnaissance grave. Ce n'était qu'un vieux soldat ; mais il y avait dans son langage et ses manières je ne sais quoi de l'ancien bon ton du monde. La suite me l'expliqua.

— Voici, mon lieutenant, me dit-il, la vie que nous menons ici. Nous nous reposons en chantant, ma fille, moi et mon gendre futur.

Il regardait en même temps ces beaux jeunes gens avec une tendresse toute rayonnante de bonheur.

— Voici, ajouta-t-il d'un air plus grave, en nous montrant un petit portrait, la mère de ma fille.

Nous regardâmes la muraille blanchie de plâtre de la modeste chambre, et nous y vîmes, en effet, une miniature qui représentait la plus gracieuse, la plus fraîche petite paysanne que jamais Greuze ait douée de grands yeux bleus et de bouche en forme de cerise.

— Ce fut une bien grande dame qui eut autrefois la bonté de faire ce portrait-là, me dit l'Adjudant, et c'est une histoire curieuse que celle de la dot de ma pauvre petite femme.

Et à nos premières prières de raconter son mariage, il nous parla ainsi, autour de trois verres d'absinthe verte qu'il eut soin de nous offrir préalablement et cérémonieusement.

# V

## HISTOIRE DE L'ADJUDANT

### LES ENFANTS DE MONTREUIL
### ET LE
### TAILLEUR DE PIERRES

# V

## HISTOIRE DE L'ADJUDANT

### LES ENFANTS DE MONTREUIL ET LE TAILLEUR DE PIERRES

Vous saurez, mon lieutenant, que j'ai été élevé au village de Montreuil, par monsieur le curé de Montreuil lui-même. Il m'avait fait apprendre quelques notes du plain-chant dans le plus heureux temps de ma vie : le temps où j'étais enfant de chœur, où j'avais de grosses joues fraîches et rebondies, que tout le monde tapait en passant; une voix claire, des cheveux blonds poudrés, une blouse et des sabots. Je ne me regarde pas souvent, mais je m'imagine que je ne ressemble plus guère à cela. J'étais fait ainsi, pourtant, et je ne pouvais me résoudre à quitter une sorte de clavecin aigre et discord que le vieux curé avait chez lui. Je l'accordais avec assez de justesse d'oreille, et le bon père, qui, autrefois, avait été renommé à Notre-Dame pour chanter et enseigner le faux-bourdon, me faisait apprendre un vieux solfége. Quand il était content, il me pinçait les joues à me les rendre bleues, et me disait : — Tiens, Mathurin, tu n'es que le fils d'un paysan et d'une paysanne ; mais si tu sais bien ton catéchisme et ton solfége, et que tu renonces à jouer avec le vieux fusil rouillé de la maison, on pourra faire de toi un maître de musique. Va toujours. — Cela me donnait bon courage, et je frappais de tous mes poings sur les deux pauvres claviers, dont les dièses étaient presque tous muets.

Il y avait des heures où j'avais la permission de me promener et de courir; mais la récréation la plus douce était d'aller m'asseoir au bout du parc de Montreuil, et de manger mon pain avec les maçons et les ouvriers qui construisaient sur l'avenue de Versailles, à cent pas de la barrière, un petit pavillon de musique, par ordre de la Reine.

C'était un lieu charmant, que vous pourrez voir à droite de la route de Versailles, en arrivant. Tout à l'extrémité du parc de Montreuil, au milieu d'une pelouse de gazon entourée de grands arbres, si vous distinguez un pavillon qui ressemble à une mosquée et à une bonbonnière, c'est cela que j'allais regarder bâtir.

Je prenais par la main une petite fille de mon âge, qui s'appelait Pierrette, que monsieur le curé faisait chanter aussi parce qu'elle avait une jolie voix. Elle emportait une grande tartine que lui donnait la bonne du curé, qui était sa mère, et nous allions regarder bâtir la petite maison que faisait faire la Reine pour la donner à Madame.

Pierrette et moi, nous avions environ

treize ans. Elle était déjà si belle, qu'on l'arrêtait sur son chemin pour lui faire compliment, et que j'ai vu de belles dames descendre de carrosse pour lui parler et l'embrasser! Quand elle avait un fourreau rouge relevé dans ses poches et bien serré de la ceinture, on voyait bien ce que sa beauté serait un jour. Elle n'y pensait pas, et elle m'aimait comme son frère.

Nous sortions toujours en nous tenant par la main depuis notre petite enfance, et cette habitude était si bien prise, que de ma vie je ne lui donnai le bras. Notre coutume d'aller visiter les ouvriers nous fit faire la connaissance d'un jeune tailleur de pierres, plus âgé que nous de huit ou dix ans. Il nous faisait asseoir sur un moellon ou par terre à côté de lui, et quand il avait une grande pierre à scier, Pierrette jetait de l'eau sur la scie, et j'en prenais l'extrémité pour l'aider; aussi ce fut mon meilleur ami dans ce monde. Il était d'un caractère très-paisible, très-doux et quelquefois un peu gai, mais pas souvent. Il avait fait une petite chanson sur les pierres qu'il taillait, et sur ce qu'elles étaient plus dures que le cœur de Pierrette, et il jouait en cent façons sur ces mots de Pierre, de Pierrette, de Pierrerie, de Pierrier, de Pierrot, et cela nous faisait beaucoup rire tous trois. C'était un grand garçon grandissant encore, tout pâle et dégingandé, avec de longs bras et de grandes jambes, et qui quelquefois avait l'air de ne pas penser à ce qu'il faisait. Il aimait son métier, disait-il, parce qu'il pouvait gagner sa journée en conscience, ayant songé à autre chose jusqu'au coucher du soleil. Son père, architecte, s'était si bien ruiné, je ne sais comment, qu'il fallait que le fils reprît son état par le commencement, et il s'y était fort paisiblement résigné. Lorsqu'il taillait un gros bloc, ou le sciait en long, il commençait toujours une petite chanson dans laquelle il y avait toute une historiette qu'il bâtissait à mesure qu'il allait, en vingt ou trente couplets, plus ou moins.

Quelquefois il me disait de me promener devant lui avec Pierrette, et il nous faisait chanter ensemble, nous apprenant à chanter en partie ; ensuite, il s'amusait à me faire mettre à genoux devant Pierrette, la main sur son cœur, et il faisait les paroles d'une petite scène qu'il nous fallait redire après lui. Cela ne l'empêchait pas de bien connaître son état, car il ne fut pas un an sans devenir maître maçon. Il avait à nourrir, avec son équerre et son marteau, sa pauvre mère et deux petits frères qui venaient le regarder travailler avec nous. Quand il voyait autour de lui tout son petit monde, cela lui donnait du courage et de la gaieté. Nous l'appelions Michel; mais, pour vous dire tout de suite la vérité, il s'appelait Michel-Jean Sedaine.

# VI

UN SOUPIR

## VI

UN SOUPIR

— Hélas! dis-je, voilà un poëte bien à sa place.

La jeune personne et le sous-officier se regardèrent, comme affligés de voir interrompre leur bon père; mais le digne

Adjudant reprit la suite de son histoire, après avoir relevé de chaque côté la cravate noire qu'il portait, doublée d'une cravate blanche, attachée militairement.

# VII

## LA DAME ROSE

## VII

### LA DAME ROSE

C'est une chose qui me paraît bien certaine, mes chers enfants, dit-il en se tournant du côté de sa fille, que le soin que la Providence a daigné prendre de composer ma vie comme elle l'a été. Dans les orages sans nombre qui l'ont agitée, je puis dire, en face de toute la terre, que je n'ai jamais manqué de me fier à Dieu et d'en attendre du secours, après m'être aidé de toutes mes forces. Aussi, vous dis-je, en marchant sur les flots agités, je n'ai pas mérité d'être appelé *homme de peu de foi*, comme le fut l'apôtre ; et quand mon pied s'enfonçait, je levais les yeux, et j'étais relevé.

(Ici je regardai Timoléon. — Il vaut mieux que nous, dis-je tout bas.) — Il poursuivit :

— Monsieur le curé de Montreuil m'aimait beaucoup, j'étais traité par lui avec une amitié si paternelle, que j'avais oublié entièrement que j'étais né, comme il ne cessait de me le rappeler, d'un pauvre paysan et d'une pauvre paysanne, enlevés presque en même temps de la petite vérole, que je n'avais même pas vus. A seize ans, j'étais sauvage et sot; mais je savais un peu de latin, beaucoup de musique, et, dans toute sorte de travaux de jardinage, on me trouvait assez adroit. Ma vie était fort douce et fort heureuse, parce que Pierrette était toujours là et que je la regardais toujours en travaillant, sans lui parler beaucoup, cependant.

Un jour que je taillais les branches d'un des hêtres du parc et que je liais un petit fagot, Pierrette me dit :

— Oh! Mathurin, j'ai peur. Voilà deux jolies dames qui viennent devers nous par le bout de l'allée. Comment allons-nous faire?

Je regardai, et, en effet, je vis deux jeunes femmes qui marchaient vite sur les feuilles sèches, et ne se donnaient pas le bras. Il y en avait une un peu plus grande que l'autre, vêtue d'une petite robe de soie rose. Elle courait presque en marchant, et l'autre, tout en l'accompagnant, marchait presque en arrière. Par instinct, je fus saisi d'effroi comme un pauvre petit paysan que j'étais, et je dis à Pierrette :

— Sauvons-nous!

Mais bah! nous n'eûmes pas le temps, et ce qui redoubla ma peur, ce fut de voir la dame rose faire signe à Pierrette, qui devint toute rouge et n'osa pas bouger, et me prit bien vite par la main pour se raffermir. Moi, j'ôtai mon bonnet et je m'adossai contre l'arbre, tout saisi.

Quand la dame rose fut tout à fait arrivée sur nous, elle alla tout droit à Pierrette, et, sans façon, elle lui prit le menton pour la montrer à l'autre dame, en disant :

— Eh ! je vous le disais bien : c'est tout mon costume de laitière pour jeudi. — La jolie petite fille que voilà ! Mon enfant, tu donneras tous tes habits, comme les voici, aux gens qui viendront te les demander de ma part, n'est-ce pas ? je t'enverrai les miens en échange.

— Oh ! madame, dit Pierrette en reculant.

L'autre jeune dame se mit à sourire d'un air fin, tendre et mélancolique, dont l'expression touchante est ineffaçable pour moi. Elle s'avança, la tête penchée, et, prenant doucement le bras nu de Pierrette, elle lui dit de s'approcher, et qu'il fallait que tout le monde fît la volonté de cette dame-là.

— Ne va pas t'aviser de rien changer à ton costume, ma belle petite, reprit la dame rose en la menaçant d'une petite canne de jonc à pomme d'or qu'elle tenait à la main. Voilà un grand garçon qui sera soldat, et je vous marierai.

Elle était si belle, que je me souviens de la tentation incroyable que j'eus de me mettre à genoux ; vous en rirez et j'en ai ri souvent depuis en moi-même ; mais, si vous l'aviez vue, vous auriez compris ce que je dis. Elle avait l'air d'une petite fée bien bonne.

Elle parlait vite et gaiement, et, en donnant une petite tape sur la joue de Pierrette, elle nous laissa là tous les deux tout interdits et tout imbéciles, ne sachant que faire ; et nous vîmes les deux dames suivre l'allée du côté de Montreuil et s'enfoncer dans le parc derrière le petit bois.

Alors, nous nous regardâmes, et, en nous tenant toujours par la main, nous rentrâmes chez monsieur le curé; nous ne disions rien, mais nous étions bien contents.

Pierrette était toute rouge, et moi je baissais la tête. Il nous demanda ce que nous avions; je lui dis d'un grand sérieux :

— Monsieur le curé, je veux être soldat.

Il pensa en tomber à la renverse, lui qui m'avait appris le solfége!

— Comment, mon cher enfant, me dit-il, tu veux me quitter! Ah! mon Dieu! Pierrette, qu'est-ce qu'on lui a donc fait, qu'il veut être soldat? Est-ce que tu ne m'aimes plus, Mathurin? Est-ce que tu n'aimes plus Pierrette, non plus? Qu'est-ce que nous t'avons donc fait, dis? et que vas-tu faire de la belle éducation que je t'ai donnée? C'était bien du temps perdu assurément. Mais réponds donc, méchant sujet! ajoutait-il en me secouant le bras.

Je me grattais la tête, et je disais toujours en regardant mes sabots :

— Je veux être soldat.

La mère de Pierrette apporta un grand verre d'eau froide à monsieur le curé, parce qu'il était devenu tout rouge, et elle se mit à pleurer.

Pierrette pleurait aussi et n'osait rien dire ; mais elle n'était pas fâchée contre moi, parce qu'elle savait bien que c'était pour l'épouser que je voulais partir.

Dans ce moment-là, deux grands laquais poudrés entrèrent avec une femme de chambre qui avait l'air d'une dame, et ils demandèrent si la petite avait préparé les hardes que la reine et madame la princesse de Lamballe lui avaient demandées.

Le pauvre curé se leva si troublé qu'il ne put se tenir une minute debout, et Pierrette et sa mère tremblèrent si fort qu'elles n'osèrent pas ouvrir une cassette qu'on leur envoyait en échange du fourreau et du bavolet, et elles allèrent à la toilette à peu près comme on va se faire fusiller.

Seul avec moi, le curé me demanda ce qui s'était passé, et je le lui dis comme je vous l'ai conté, mais un peu plus brièvement.

— Et c'est pour cela que tu veux partir, mon fils? me dit-il en me prenant les deux mains; mais songe donc que la plus grande dame de l'Europe n'a parlé ainsi à un petit paysan comme toi que par distraction, et ne sait seulement pas ce qu'elle t'a dit. Si on lui racontait que tu as pris cela pour un ordre ou pour un horoscope, elle dirait que tu es un grand benêt, et que tu peux être jardinier toute la vie, que cela lui est égal. Ce que tu gagnes en jardinant et ce que tu gagnerais en enseignant la musique vocale t'appartiendrait, mon ami; au lieu que ce que tu gagneras dans un régiment ne t'appartiendra pas, et tu auras mille occasions de le dépenser en plaisirs défendus par la religion et la morale ; tu perdras tous les bons principes que je t'ai donnés, et tu me forceras à rougir de toi. Tu reviendras (si tu reviens) avec un autre caractère que celui que tu as reçu en naissant. Tu étais doux, modeste, docile ; tu seras rude, impudent et tapageur. La petite Pierrette ne se soumettra certainement pas à être la femme d'un mauvais garnement, et sa mère l'en empêcherait quand elle le voudrait ; et moi, que pourrai-je faire pour toi, si tu oublies tout à fait la Providence ? Tu l'oublieras, vois-tu, la

Providence, je t'assure que tu finiras par là.

Je demeurai les yeux fixés sur mes sabots et les sourcils froncés en faisant la moue, et je dis, en me grattant la tête :

— C'est égal, je veux être soldat.

Le bon curé n'y tint pas, et, ouvrant la porte toute grande, il me montra le grand chemin avec tristesse.

Je compris sa pantomime, et je sortis. J'en aurais fait autant à sa place, assurément. Mais je le pense à présent, et ce jour-là je ne le pensais pas. Je mis mon bonnet de coton sur l'oreille droite, je relevai le collet de ma blouse, pris mon bâton, et je m'en allai tout droit à un petit cabaret, sur l'avenue de Versailles, sans dire adieu à personne.

# VIII

## LA POSITION DU PREMIER RANG

## VII

LA POSITION DU PREMIER RANG

Dans ce petit cabaret, je trouvai trois braves dont les chapeaux étaient galonnés d'or, l'uniforme blanc, les revers roses, les moustaches cirées de noir, les cheveux tout poudrés à frimas, et qui parlaient aussi vite que des vendeurs d'orviétan. Ces trois braves étaient d'honnêtes racoleurs. Ils me dirent que je n'avais qu'à m'asseoir à table avec eux pour avoir une idée juste du bonheur parfait que l'on goûtait éternellement dans le Royal-Auvergne. Ils me firent manger du poulet, du chevreuil et des perdreaux, boire du vin de Bordeaux et de Champagne, et du café excellent; ils me jurèrent sur leur honneur que, dans le Royal-Auvergne, je n'en aurais jamais d'autres.

Je vis bien depuis qu'ils avaient dit vrai.

Ils me jurèrent aussi, car ils juraient

infiniment, que l'on jouissait de la plus douce liberté dans le Royal-Auvergne; que les soldats y étaient incomparablement plus heureux que les capitaines des autres corps; qu'on y jouissait d'une société fort agréable en hommes et en belles dames, et qu'on y faisait beaucoup de musique; surtout qu'on y appréciait fort ceux qui jouaient du *piano*. Cette dernière circonstance me décida.

Le lendemain j'avais donc l'honneur d'être soldat au Royal-Auvergne. C'était un assez beau corps, il est vrai; mais je ne voyais plus ni Pierrette, ni monsieur le curé. Je demandai du poulet à dîner, et l'on me donna à manger cet agréable mélange de pommes de terre, de mouton et de pain qui se nomme et se nommera toujours *la Ratatouille*. On me fit apprendre la position du soldat sans armes avec une perfection si grande, que je servis de modèle, depuis, au dessinateur qui fit les planches de l'ordonnance de 1791, ordonnance qui, vous le savez, mon lieutenant, est un chef-d'œuvre de précision. On m'apprit l'école du soldat et l'école de peloton de manière à exécuter les charges en douze temps, les charges précipitées et les charges à volonté, en comptant ou sans compter les mouvements, aussi parfaitement que le plus roide des caporaux du roi de Prusse, Frédéric le Grand, dont les vieux se souvenaient encore avec l'attendrissement de gens qui aiment ceux qui les battent. On me fit l'honneur de me promettre que, si je me comportais bien, je finirais par être admis dans la première compagnie de grenadiers. — J'eus bientôt une queue poudrée qui tombait sur ma veste blanche assez noblement ; mais je ne voyais plus ni Pierrette, ni sa mère, ni monsieur le curé de Mon treuil, et je ne ne faisais point de musique.

Un beau jour, comme j'étais consigné à la caserne même où nous voici, pour avoir fait trois fautes dans le maniement d'armes, on me plaça dans la position des feux du premier rang, un genou sur le pavé, ayant en face de moi un soleil éblouissant et superbe que j'étais forcé de coucher en joue, dans une immobilité parfaite, jusqu'à ce que la fatigue me fît ployer les bras à la saignée ; et j'étais encouragé à soutenir mon arme par la présence d'un honnête caporal, qui de temps en temps soulevait ma baïonnette avec sa crosse quand elle s'abaissait ; c'était une petite punition de l'invention de M. de Saint-Germain.

Il y avait vingt minutes que je m'appliquais à atteindre le plus haut degré de pétrification possible dans cette attitude, lorsque je vis au bout de mon fusil la figure douce et paisible de mon bon ami Michel, le tailleur de pierres.

— Tu viens bien à propos, mon ami, lui dis-je, et tu me rendrais un grand service si tu voulais bien, sans qu'on s'en aperçût, mettre un moment ta canne sous ma baïonnette. Mes bras s'en trouveraient mieux, et ta canne ne s'en trouverait pas plus mal.

— Ah! Mathurin, mon ami, me dit-il, te voilà bien puni d'avoir quitté Montreuil ; tu n'as plus les conseils et les lectures du bon curé, et tu vas oublier tout à fait cette musique que tu aimais tant, et celle de la parade ne la vaudra certainement pas.

— C'est égal, dis-je en élevant le bout du canon de mon fusil et le dégageant de sa canne par orgueil ; c'est égal, on a son idée.

— Tu ne cultiveras plus les espaliers et les belles pêches de Montreuil avec ta Pierrette, qui est bien aussi fraîche qu'elles, et dont la lèvre porte aussi comme elles un petit duvet.

— C'est égal, dis-je encore, j'ai mon idée.

— Tu passeras bien longtemps à genoux, à tirer sur rien, avec une pierre de bois, avant d'être seulement caporal.

— C'est égal, dis-je encore, si j'avance lentement, toujours est-il vrai que j'avancerai; tout vient à point à qui sait attendre, comme on dit, et quand je serai sergent je serai quelque chose, et j'épouserai Pierrette. Un sergent c'est un seigneur, et à tout seigneur tout honneur.

Michel soupira.

— Ah! Mathurin! Mathurin! me dit-il, tu n'es pas sage, et tu as trop d'orgueil et d'ambition, mon ami; n'aimerais-tu pas mieux être remplacé, si quelqu'un payait pour toi, et venir épouser ta petite Pierrette?

— Michel! Michel! lui dis-je, tu t'es beaucoup gâté dans le monde; je ne sais pas ce que tu y fais, et tu ne m'as plus l'air d'y être maçon, puisqu'au lieu d'une veste tu as un habit noir de taffetas ; mais tu ne m'aurais pas dit ça dans le temps où tu répétais toujours : Il faut faire son sort soi-même. — Moi je ne veux pas l'épouser avec l'argent des autres, et je fais moi-même mon sort, comme tu vois.

— D'ailleurs, c'est la Reine qui m'a mis ça dans la tête, et la Reine ne peut pas se tromper en jugeant ce qui est bien à faire. Elle a dit elle-même : Il sera soldat, et je les marierai ; elle n'a pas dit : Il reviendra après avoir été soldat.

— Mais, me dit Michel, si par hasard

la Reine te voulait donner de quoi l'épouser, le prendrais-tu ?

— Non, Michel, je ne prendrais pas son argent, si par impossible elle le voulait.

— Et si Pierrette gagnait elle-même sa dot? reprit-il.

— Oui, Michel, je l'épouserais tout de suite, dis-je.

Ce bon garçon avait l'air tout attendri.

— Eh bien ! reprit-il, je dirai cela à la Reine.

— Est-ce que tu es fou, lui dis-je, ou domestique dans sa maison ?

— Ni l'un ni l'autre, Mathurin, quoique je ne taille plus la pierre.

— Que tailles-tu donc? disais-je.

— Hé! je taille des pièces, du papier et des plumes.

— Bah! dis-je, est-il possible?

— Oui, mon enfant, je fais de petites pièces toutes simples et bien aisées à comprendre. Je te ferai voir tout ça.

---

En effet, dit Timoléon en interrompant l'Adjudant, les ouvrages de ce bon Sedaine ne sont pas construits sur des questions bien difficiles; on n'y trouve aucune synthèse sur le fini et l'infini, sur les causes finales, l'association des idées et l'identité personnelle; on n'y tue pas des rois et des reines par le poison ou l'échafaud; ça ne s'appelle pas de noms sonores environnés de leur traduction philosophique; mais ça se nomme *Blaise, l'Agneau perdu, le Déserteur;* ou bien *le Jardinier et son Seigneur, la Gageure imprévue;* ce sont des gens tout simples, qui parlent vrai, qui sont *philosophes sans le savoir*, comme Sedaine lui-même, que je trouve plus grand qu'on ne l'a fait.

Je ne répondis pas.

———

L'Adjudant reprit :

— Eh bien, tant mieux! dis-je, j'aime autant te voir travailler ça que tes pierres de taille.

— Ah! ce que je bâtissais valait mieux que ce que je construis à présent. Ça ne passait pas de mode et ça restait plus longtemps debout. Mais en tombant, ça pouvait écraser quelqu'un ; au lieu qu'à présent, quand ça tombe, ça n'écrase personne.

— C'est égal, je suis toujours bien aise, dis-je...

— C'est-à-dire, aurais-je dit; car le caporal vint donner un si terrible coup de crosse dans la canne de mon vieil ami Michel, qu'il l'envoya là-bas, tenez, là-bas, près de la poudrière.

En même temps il ordonna six jours de salle de police pour le factionnaire qui avait laissé entrer un bourgeois.

Sedaine comprit bien qu'il fallait s'en aller; il ramassa paisiblement sa canne, et, sortant du côté du bois, il me dit :

— Je t'assure, Mathurin, que je conterai tout ceci à la Reine.

# IX

## UNE SÉANCE

IX

UNE SÉANCE

Ma petite Pierrette était une belle petite fille, d'un caractère décidé, calme et honnête. Elle ne se déconcertait pas trop facilement, et depuis qu'elle avait parlé à la Reine, elle ne se laissait plus aisément faire la leçon ; elle savait bien dire à monsieur le curé et à sa bonne qu'elle voulait épouser Mathurin, et elle se levait la nuit pour travailler à son trousseau, tout comme si je n'avais pas été mis à la porte pour longtemps, sinon pour toute ma vie.

Un jour (c'était le lundi de Pâques, elle s'en était toujours souvenue, la pauvre Pierrette, et me l'a raconté souvent), un jour donc qu'elle était assise devant la porte de monsieur le curé, travaillant et chantant comme si de rien n'était, elle vit arriver vite, vite, un beau carrosse dont les six chevaux trottaient dans l'avenue d'un train merveilleux, montés par deux petits postillons poudrés et roses, très-jolis et si petits qu'on ne voyait, de loin, que leurs grosses bottes à l'écuyère. Ils portaient de gros bouquets à leur jabot, et les chevaux portaient aussi de gros bouquets sur l'oreille.

Ne voilà-t-il pas que l'écuyer qui courait en avant des chevaux s'arrêta précisément devant la porte de monsieur le curé, où la voiture eut la bonté de s'arrêter aussi et daigna s'ouvrir toute grande. Il n'y avait personne dedans. Comme

Pierrette regardait avec de grands yeux, l'écuyer ôta son chapeau très-poliment et la pria de vouloir bien monter en carrosse.

Vous croyez peut-être que Pierrette fit des façons? Point du tout; elle avait trop de bon sens pour cela. Elle ôta simplement ses deux sabots, qu'elle laissa sur le pas de la porte, mit ses souliers à boucles d'argent, ploya proprement son ouvrage, et monta dans le carrosse en s'appuyant sur le bras du valet de pied, comme si elle n'eût fait autre chose de sa vie, parce que, depuis qu'elle avait changé de robe avec la Reine, elle ne doutait plus de rien.

Elle m'a dit souvent qu'elle avait eu deux grandes frayeurs dans la voiture : la première, parce qu'on allait si vite que les arbres de l'avenue de Montreuil lui paraissaient courir comme des fous l'un après l'autre; la seconde, parce qu'il lui semblait qu'en s'asseyant sur les coussins blancs du carrosse, elle y laisserait une tache bleue et jaune de la couleur de son jupon. Elle le releva dans ses poches, et se tint toute droite au bord du coussin, nullement tourmentée de son aventure et devinant bien qu'en pareille circonstance, il est bon de faire ce que tout le monde veut, franchement et sans hésiter.

D'après ce sentiment juste de sa position que lui donnait une nature heureuse, douce et disposée au bien et au vrai en toute chose, elle se laissa parfaitement donner le bras par l'écuyer et conduire à Trianon, dans les appartements dorés, où seulement elle eut soin de marcher sur la pointe du pied, par égard pour les parquets de bois de citron et de bois des Indes qu'elle craignait de rayer avec ses clous.

Quand elle entra dans la dernière chambre, elle entendit un petit rire joyeux de deux voix très-douces, ce qui l'intimida bien un peu et lui fit battre le cœur assez vivement ; mais, en entrant, elle se trouva rassurée tout de suite, ce n'était que son amie la Reine.

Madame de Lamballe était avec elle, mais assise dans une embrasure de fenêtre et établie devant un pupitre de peintre en miniature. Sur le tapis vert du pupitre, un ivoire tout préparé; près de l'ivoire, des pinceaux ; près des pinceaux, un verre d'eau.

8.

— Ah ! la voilà, dit la Reine d'un air de fête, et elle courut lui prendre les deux mains.

— Comme elle est fraîche, comme elle est jolie ! Le joli petit modèle que cela fait pour vous ! Allons, ne la manquez pas, madame de Lamballe ! Mets-toi là, mon enfant.

Et la belle Marie-Antoinette la fit asseoir de force sur une chaise. Pierrette était tout à fait interdite, et sa chaise si haute que ses petits pieds pendaient et se balançaient.

— Mais voyez donc comme elle se tient

bien, continuait la Reine, elle ne se fait pas dire deux fois ce que l'on veut; je gage qu'elle a de l'esprit. Tiens-toi droite, mon enfant, et écoute-moi. Il va venir deux messieurs ici. Que tu les connaisses ou non, cela ne fait rien et cela ne te regarde pas. Tu feras tout ce qu'ils te diront de faire. Je sais que tu chantes, tu chanteras. Quand ils te diront d'entrer et de sortir, d'aller et de venir, tu entreras, tu sortiras, tu iras, tu viendras, bien exactement, entends-tu? Tout cela c'est pour ton bien. Madame et moi nous les aiderons à t'enseigner quelque chose que je sais bien, et nous ne te demandons pour nos peines que de poser tous les jours une heure devant madame ; cela ne t'afflige pas trop fort, n'est-ce pas ?

Pierrette ne répondait qu'en rougissant et en pâlissant à chaque parole ; mais elle était si contente qu'elle aurait voulu embrasser la petite Reine comme sa camarade.

Comme elle posait, les yeux tournés vers la porte, elle vit entrer deux hommes, l'un gros et l'autre grand. Comme elle vit le grand, elle ne put s'empêcher de crier :

— Tiens ! c'est...

Mais elle se mordit le doigt pour se faire taire.

— Eh bien ! comment la trouvez-vous, messieurs ? dit la Reine ; me suis-je trompée ?

— N'est-ce pas que c'est *Rose* même ? dit Sedaine.

— Une seule note, madame, dit le plus gros des deux, et je saurai si c'est la Rose de Monsigny, comme elle est celle de Sedaine.

— Voyons, ma petite, répétez cette

gamme, dit Grétry en chantant *ut, ré, mi, fa, sol.*

Pierrette la répéta.

— Elle a une voix divine, madame, dit-il.

La Reine frappa des mains et sauta.

— Elle gagnera sa dot, dit-elle.

# X

## UNE BELLE SOIRÉE

X

UNE BELLE SOIRÉE

Ici l'honnête Adjudant goûta un peu de son petit verre d'absinthe, en nous engageant à l'imiter, et, après avoir essuyé sa moustache blanche avec un mouchoir rouge et l'avoir tournée un instant dans ses gros doigts, il poursuivit ainsi :

— Si je savais faire des surprises, mon lieutenant, comme on en fait dans les livres, et faire attendre la fin d'une histoire en tenant la dragée haute aux auditeurs, et puis la faire goûter du bout des lèvres, et puis la relever, et puis la donner tout entière à manger, je trouverais une manière nouvelle de vous dire la suite de ceci ; mais je vais de fil en aiguille, tout simplement comme a été ma vie de jour en jour, et je vous dirai que depuis le jour où mon pauvre Michel était venu me voir ici à Vincennes et m'avait trouvé dans la position du premier rang, je maigris d'une manière ridicule, parce que je n'entendis plus parler de notre petite famille de Montreuil, et que je vins à penser que Pierrette m'avait oublié tout à fait. Le régiment d'Auvergne était à Orléans depuis trois mois, et le mal du pays commençait à m'y prendre. Je jaunissais à vue d'œil et je ne pouvais plus soutenir mon fusil. Mes camarades commençaient à me prendre en grand mépris, comme on prend ici toute maladie, vous le savez.

Il y en avait qui me dédaignaient parce qu'ils me croyaient très-malade, d'autres parce qu'ils soutenaient que je faisais semblant de l'être, et, dans ce dernier cas, il ne me restait d'autre parti que de mourir pour prouver que je disais vrai, ne pouvant pas me rétablir tout à coup ni être assez mal pour me coucher; fâcheuse position.

Un jour, un officier de ma compagnie vint me trouver, et me dit :

— Mathurin, toi qui sais lire, lis un peu cela.

Et il me conduisit sur la place de Jeanne d'Arc, place qui m'est chère, où je lus une grande affiche de spectacle sur laquelle on avait imprimé ceci :

PAR ORDRE :

« Lundi prochain, représentation ex-
» traordinaire d'Irène, pièce nouvelle de
» M. de Voltaire, et de Rose et Colas,
» par M. Sedaine, musique de M. de
» Monsigny, au bénéfice de mademoiselle
» Colombe, célèbre cantatrice de la Co-
» médie-Italienne, laquelle paraîtra dans
» la seconde pièce. Sa Majesté la Reine
» a daigné promettre qu'elle honorerait le
» spectacle de sa présence. »

— Eh bien, dis-je, mon capitaine,
qu'est-ce que cela peut me faire, ça ?

— Tu es un bon sujet, me dit-il, tu es beau garçon ; je te ferai poudrer et friser pour te donner un meilleur air, et tu seras placé en faction à la porte de la loge de la Reine.

Ce qui fut dit fut fait. L'heure du spectacle venue, me voilà dans le corridor, en grande tenue du régiment d'Auvergne, sur un tapis bleu, au milieu des guirlandes de fleurs en festons qu'on avait disposées partout, et des lis épanouis sur chaque marche des escaliers du théâtre. Le directeur courait de tous côtés avec un air tout joyeux et agité. C'était un petit homme gros et rouge, vêtu d'un habit de soie bleu de ciel, avec un jabot florissant et faisant la roue. Il s'agitait en tous sens, et ne cessait de se mettre à la fenêtre en disant :

— Ceci est de la livrée de madame la duchesse de Montmorency; ceci, le coureur de M. le duc de Lauzun ; M. le prince de Guéménée vient d'arriver ; M. de Lambesc vient après. Vous avez vu ? vous savez ? Qu'elle est bonne, la Reine ! Que la Reine est bonne !

Il passait et repassait effaré, cherchant Grétry, et le rencontra nez à nez dans le corridor, précisément en face de moi.

— Dites-moi, monsieur Grétry, mon cher monsieur Grétry, dites-moi, je vous en supplie, s'il ne m'est pas possible de parler à cette célèbre cantatrice que vous m'amenez. Certainement il n'est pas permis à un ignare et non lettré comme moi d'élever le plus léger doute sur son talent, mais encore voudrais-je bien apprendre de vous qu'il n'y a pas à craindre que la Reine ne soit mécontente. On n'a pas répété.

— Hé! hé! répondit Grétry d'un air de persiflage, il m'est impossible de vous répondre là-dessus, mon cher monsieur ; ce que je puis vous assurer, c'est que vous ne la verrez pas. Une actrice comme celle-là, monsieur, c'est une enfant gâtée. Mais vous la verrez quand elle entrera en scène. D'ailleurs, quand ce serait une autre que mademoiselle Colombe, qu'est-ce que cela vous fait?

— Comment, monsieur, moi, directeur du théâtre d'Orléans, je n'aurais pas le droit?... reprit-il en se gonflant les joues.

— Aucun droit, mon brave directeur, dit Grétry. Eh! comment se fait-il que vous doutiez un moment d'un talent dont Sedaine et moi avons répondu, poursuivit-il avec plus de sérieux.

Je fus bien aise d'entendre ce nom cité avec autorité, et je prêtai plus d'attention.

Le directeur, en hommme qui savait son métier, voulait profiter de la circonstance.

— Mais on me compte donc pour rien? disait-il; mais de quoi ai-je l'air? J'ai prêté mon théâtre avec un plaisir infini, trop heureux de voir l'auguste princesse qui...

— A propos, dit Grétry, vous savez que je suis chargé de vous annoncer que ce soir la Reine vous fera remettre une somme égale à la moitié de la recette générale.

Le directeur saluait avec une inclination profonde en reculant toujours, ce qui prouvait le plaisir que lui faisait cette nouvelle.

— Fi donc! monsieur, fi donc! je ne parle pas de cela, malgré le respect avec lequel je recevrai cette faveur ; mais vous ne m'avez rien fait espérer qui vînt de votre génie, et...

— Vous savez aussi qu'il est question de vous pour diriger la Comédie-Italienne à Paris?

— Ah! monsieur Grétry...

— On ne parle que de votre mérite à la cour ; tout le monde vous y aime beaucoup, et c'est pour cela que la Reine a voulu voir votre théâtre. Un directeur est l'âme de tout; de lui vient le génie des auteurs, celui des compositeurs, des acteurs, des décorateurs, des dessinateurs, des allumeurs et des balayeurs; c'est le principe et la fin de tout; la Reine le sait bien. Vous avez triplé vos places, j'espère?

— Mieux que cela, monsieur Grétry, elles sont à un louis ; je ne pouvais pas manquer de respect à la cour au point de les mettre à moins.

En ce moment même tout retentit d'un grand bruit de chevaux et de grands cris de joie, et la Reine entra si vite, que j'eus à peine le temps de présenter les armes, ainsi que la sentinelle placée devant moi. De beaux seigneurs parfumés la suivaient, et une jeune femme, que je reconnus pour celle qui l'accompagnait à Montreuil.

Le spectacle commença tout de suite.

Le Kain et cinq autres acteurs de la Comédie-Française étaient venus jouer la tragédie d'*Irène*, et je m'aperçus que cette tragédie allait toujours son train, parce que la Reine parlait et riait tout le temps qu'elle dura. On n'applaudissait pas, par respect pour elle, comme c'est l'usage encore, je crois, à la cour. Mais quand vint l'opéra comique, elle ne dit plus rien, et personne ne souffla dans sa loge.

Tout d'un coup j'entendis une grande voix de femme qui s'élevait de la scène et qui me remua les entrailles ; je tremblai, et je fus forcé de m'appuyer sur mon fusil. Il n'y avait qu'une voix comme celle-là dans le monde, une voix venant du cœur et résonnant dans la poitrine comme une harpe, une voix de passion.

J'écoutai, en appliquant mon oreille contre la porte, et à travers le rideau de gaze de la petite lucarne de la loge, j'entrevis les comédiens et la pièce qu'ils jouaient ; il y avait une petite personne qui chantait :

> Il était un oiseau gris
> Comme un' souris,
> Qui, pour loger ses petits,
> Fit un p'tit
> Nid.

Et disait à son amant :

*Aimez-moi, aimez-moi, mon p'tit roi.*

Et, comme il était assis sur la fenêtre, elle avait peur que son père endormi ne se réveillât et ne vît Colas ; et elle changeait le refrain de sa chanson, et elle disait :

*Ah ! r'montez vos jambes, car on les voit.*

J'eus un frisson extraordinaire par tout le corps quand je vis à quel point cette Rose ressemblait à Pierrette ; c'était sa taille, c'était son même habit, son fourreau rouge et bleu, son jupon blanc, son petit air délibéré et naïf, sa jambe si bien faite, et ses petits souliers à boucles d'argent avec ses bas rouge et bleu.

— Mon Dieu, me disais-je, comme il faut que ces actrices soient habiles pour prendre ainsi tout de suite l'air des autres! Voilà cette fameuse mademoiselle Colombe, qui loge dans un bel hôtel, qui est venue ici en poste, qui a plusieurs laquais, et qui va dans Paris vêtue comme une duchesse, et elle ressemble autant que cela à Pierrette! mais on voit bien tout de même que ce n'est pas elle. Ma pauvre

Pierrette ne chantait pas si bien, quoique sa voix soit au moins aussi jolie.

Je ne pouvais pas cependant cesser de regarder à travers la glace, et j'y restai jusqu'au moment où l'on me poussa brusquement la porte sur le visage. La Reine avait trop chaud, et voulait que sa loge fût ouverte. J'entendis sa voix ; elle parlait vite et haut :

— Je suis bien contente, le Roi s'amusera bien de notre aventure. Monsieur le premier gentilhomme de la chambre peut dire à mademoiselle Colombe qu'elle ne se repentira pas de m'avoir laissée faire les honneurs de son nom. — Oh! que cela m'amuse!

— Ma chère princesse, disait-elle à madame de Lamballe, nous avons attrapé tout le monde ici... Tout ce qui est là fait une bonne action sans s'en douter. Voilà ceux de la bonne ville d'Orléans enchantés de la grande cantatrice, et toute la cour qui voudrait l'applaudir. Oui, oui, applaudissons.

En même temps, elle donna le signal des applaudissements, et toute la salle, ayant les mains déchaînées, ne laissa plus passer un mot de *Rose* sans l'applaudir à tout rompre. La charmante Reine était ravie.

— C'est ici, dit-elle à M. de Biron, qu'il y a trois mille amoureux; mais ils le sont de Rose et non de moi cette fois.

La pièce finissait et les femmes en étaient à jeter leurs bouquets sur Rose.

— Et le véritable amoureux, où est-il donc? dit la Reine à M. de Lauzun. Il sortit de la loge et fit signe à mon capitaine, qui rôdait dans le corridor.

Le tremblement me reprit; je sentais qu'il allait m'arriver quelque chose, sans oser le prévoir ou le comprendre, ou seulement y penser.

Mon capitaine salua profondément et parla bas à M. de Lauzun. La Reine me regarda ; je m'appuyai sur le mur pour ne pas tomber. On montait l'escalier, et je vis Michel Sedaine suivi de Grétry et du directeur important et sot ; ils conduisaient Pierrette, la vraie Pierrette, ma Pierrette à moi, ma sœur, ma femme, ma Pierrette de Montreuil.

Le directeur cria de loin : — Voici une belle soirée de dix-huit mille francs !

La Reine se retourna, et, parlant hors de sa loge d'un air tout à la fois plein d'une franche gaieté et d'une bienfaisante finesse, elle prit la main de Pierrette :

— Viens, mon enfant, il n'y a pas d'autre état qui fasse gagner sa dot en une heure de temps sans péché. Je reconduirai demain mon élève à M. le curé de Montreuil, qui nous absoudra toutes les deux, j'espère. Il te pardonnera bien d'avoir joué la comédie une fois dans ta vie, c'est le moins que puisse faire une femme honnête.

Ensuite elle me salua.

Me saluer ! moi, qui étais plus d'à moitié mort, quelle cruauté !

— J'espère, dit-elle, que M. Mathurin voudra bien accepter la fortune de Pierrette ; je n'y ajoute rien, elle l'a gagnée elle-même.

XI

FIN DE L'HISTOIRE DE L'ADJUDANT

## XI

### FIN DE L'HISTOIRE DE L'ADJUDANT

Ici le bon Adjudant se leva pour prendre le portrait, qu'il nous fit passer encore une fois de main en main.

— La voilà, disait-il, dans le même costume, ce bavolet et ce mouchoir au cou;

la voilà telle que voulut bien la peindre madame la princesse de Lamballe. C'est ta mère, mon enfant, disait-il à la belle personne qu'il avait près de lui sur son genou ; elle ne joua plus la comédie, car elle ne put jamais savoir que ce rôle de *Rose et Colas*, enseigné par la Reine.

Il était ému. Sa vieille moustache blanche tremblait un peu, et il y avait une larme dessus.

— Voilà une enfant qui a tué sa pauvre mère en naissant, ajouta-t-il ; il faut bien l'aimer pour lui pardonner cela ; mais enfin tout ne nous est pas donné à la fois.

Ç'aurait été trop, apparemment, pour moi, puisque la Providence ne l'a pas voulu. J'ai roulé depuis avec les canons de la République et de l'Empire, et je peux dire que, de Marengo à la Moscowa, j'ai vu de bien belles affaires ; mais je n'ai pas eu de plus beau jour dans ma vie que celui que je vous ai raconté là. Celui où je suis entré dans la Garde Royale a été aussi un des meilleurs. J'ai repris avec tant de joie la cocarde blanche que j'avais dans le Royal-Auvergne! Et aussi, mon lieutenant, je tiens à faire mon devoir, comme vous l'avez vu. Je crois que je mourrais de honte si, demain à l'inspection, il me manquait une gargousse seulement; et je crois qu'on a pris un baril au dernier exercice à feu, pour les cartouches de l'infanterie. J'aurais presque envie d'y aller voir si ce n'était la défense d'y entrer avec des lumières.

Nous le priâmes de se reposer et de rester avec ses enfants, qui le détournèrent de son projet; et, en achevant son petit verre, il nous dit encore quelques traits indifférents de sa vie : il n'avait pas eu d'avancement parce qu'il avait toujours trop aimé les corps d'élite et s'était trop attaché à son régiment. Canonnier dans la Garde des consuls, sergent dans la Garde Impériale, lui avaient toujours paru de plus hauts grades qu'officier de la ligne. J'ai vu beaucoup de *grognards* pareils. Au reste, tout ce qu'un soldat pouvait avoir de dignités, il l'avait : fusil d'*honneur* à capucines d'argent, croix d'honneur pensionnée, et surtout beaux et nobles états de service, où la colonne des actions d'éclat était pleine. C'était ce qu'il ne racontait pas.

Il était deux heures du matin. Nous fîmes cesser la veillée en nous levant et en serrant cordialement la main de ce brave homme, et nous le laissâmes heureux des émotions de sa vie, qu'il avait renouvelées dans son âme honnête et bonne.

— Combien de fois, dis-je, ce vieux soldat vaut-il mieux avec sa résignation, que nous autres, jeunes officiers, avec nos ambitions folles ! Cela nous donna à penser.

— Oui, je crois bien, continuai-je en passant le petit pont qui fut levé après nous ; je crois que ce qu'il y a de plus pur dans nos temps, c'est l'âme d'un soldat pareil, scrupuleux sur son honneur et le croyant souillé par la moindre tache d'indiscipline ou de négligence; sans ambition, sans vanité, sans luxe, toujours esclave et toujours fier et content de sa servitude, n'ayant de cher dans sa vie qu'un souvenir de reconnaissance.

— Et croyant que la Providence a les yeux sur lui! me dit Timoléon d'un air profondément frappé et me quittant pour se retirer chez lui.

## XII

### LE RÉVEIL

## XII

LE RÉVEIL

Il y avait une heure que je dormais ; il était quatre heures du matin ; c'était le 17 août, je ne l'ai pas oublié. Tout à coup mes deux fenêtres s'ouvrirent à la fois, et toutes les vitres cassées tombèrent dans ma chambre avec un petit bruit argentin fort joli à entendre. J'ouvris les yeux et je vis une fumée blanche qui entrait doucement chez moi et venait jusqu'à mon lit en formant mille couronnes. Je me mis à la considérer avec des regards un peu surpris, et je la reconnus aussi vite à sa couleur qu'à son odeur. Je courus à la fenêtre. Le jour commençait à poindre et éclairait de lueurs tendres tout ce vieux château immobile et silencieux encore, et qui semblait dans la stupeur du premier coup qu'il venait de recevoir. Je n'y vis rien remuer. Seulement, le vieux grenadier placé sur le rempart, et enfermé là au verrou, selon l'usage, se promenait très-vite, l'arme au bras, en regardant du côté des cours. Il allait comme un lion dans sa cage.

Tout se taisant encore, je commençais à croire qu'un essai d'armes fait dans les fossés avait été cause de cette commotion, lorsqu'une explosion plus violente se fit entendre. Je vis naître en même temps un soleil qui n'était pas celui du ciel, et qui se levait sur la dernière tour du côté du bois. Ses rayons étaient rouges, et, à l'extrémité de chacun d'eux, il y avait un obus qui éclatait; devant eux un brouillard de poudre. Cette fois le donjon, les casernes, les tours, les remparts, les villages et les bois tremblèrent et parurent glisser de gauche à droite, et revenir comme un tiroir ouvert et refermé sur-le-champ. Je compris en ce moment les tremblements de terre. Un cliquetis pareil à celui que feraient toutes les porcelaines de Sèvres jetées par la fenêtre, me fit parfaitement comprendre que de tous les vitraux de la chapelle, de toutes les glaces du château, de toutes les vitres des casernes et du bourg, il ne restait pas un morceau de verre attaché au mastic. La fumée blanche se dissipa en petites couronnes.

— La poudre est très-bonne quand elle fait des couronnes comme celles-là, me dit Timoléon en entrant tout habillé et armé dans ma chambre.

— Il me semble, dis-je, que nous sautons.

— Je ne dis pas le contraire, me répondit-il froidement. Il n'y a rien à faire jusqu'à présent.

En trois minutes je fus comme lui habillé et armé, et nous regardâmes en silence le silencieux château.

Tout d'un coup vingt tambours battirent la générale; les murailles sortaient de leur stupeur et de leur impassibilité et appelaient à leur secours. Les bras du pont-levis commencèrent à s'abaisser lentement et descendirent leurs pesantes chaînes sur l'autre bord du fossé ; c'était pour faire entrer les officiers et sortir les habitants. Nous courûmes à la herse : elle s'ouvrait pour recevoir les forts et rejeter es faibles.

Un singulier spectacle nous frappa :

toutes les femmes se pressaient à la porte, et en même temps tous les chevaux de la garnison. Par un juste instinct du danger, ils avaient rompu leurs licols à l'écurie ou renversé leurs cavaliers, et attendaient en piaffant que la campagne leur fût ouverte. Ils couraient par les cours, à travers les troupeaux de femmes, hennissant avec épouvante, la crinière hérissée, les narines ouvertes, les yeux rouges, se dressant debout contre les murs, respirant la poudre avec horreur, et cachant dans le sable leurs naseaux brûlés.

Une jeune et belle personne, roulée

dans les draps de son lit, suivie de sa mère à demi vêtue et portée par un soldat, sortit la première, et toute la foule suivit. Dans ce moment cela me parut une précaution bien inutile, la terre n'était sûre qu'à six lieues de là.

Nous entrâmes en courant, ainsi que tous les officiers logés dans le bourg. La première chose qui me frappa fut la contenance calme de nos vieux grenadiers de la Garde, placés au poste d'entrée. L'arme au pied, appuyés sur cette arme, ils regardaient du côté de la poudrière en connaisseurs, mais sans dire un mot ni quitter l'attitude prescrite, la main sur la bretelle du fusil. Mon ami Ernest d'Hanache les commandait; il nous salua avec le sourire à la Henri IV qui lui était naturel; je lui donnai la main. Il ne devait perdre la vie que dans la dernière Vendée, où il vient de mourir noblement. Tous ceux que je nomme dans ces souvenirs encore récents sont déjà morts.

En courant, je heurtai quelque chose qui faillit me faire tomber : c'était un pied humain. Je ne pus m'empêcher de m'arrêter à le regarder.

— Voilà comme votre pied sera tout à

l'heure, me dit un officier en passant et en riant de tout son cœur.

Rien n'indiquait que ce pied eût jamais été chaussé. Il était comme embaumé et conservé à la manière des momies; brisé à deux pouces au-dessus de la cheville, comme les pieds de statues en étude dans les ateliers; poli, veiné comme du marbre noir, et n'ayant de rose que les ongles. Je n'avais pas le temps de le dessiner : je continuai ma course jusqu'à la dernière cour, devant les casernes.

Là nous attendaient nos soldats. Dans leur première surprise, ils avaient cru le château attaqué, ils s'étaient jetés du lit au râtelier d'armes et s'étaient réunis dans la cour, la plupart en chemise avec leur fusil au bras. Presque tous avaient les pieds ensanglantés et coupés par le verre brisé. Ils restaient muets et sans action devant un ennemi qui n'était pas un homme, et virent avec joie arriver leurs officiers.

Pour nous, ce fut au cratère même de volcan que nous courûmes. Il fumait encore, et une troisième éruption était imminente.

La petite tour de la poudrière était

éventrée, et, par ses flancs ouverts, on voyait une lente fumée s'élever en tournant.

Toute la poudre de la tourelle était-elle brûlée? en restait-il assez pour nous enlever tous? C'était la question. Mais il y en avait une autre qui n'était pas incertaine, c'est que tous les caissons de l'artillerie, chargés et entr'ouverts dans la cour voisine, sauteraient si une étincelle y arrivait, et que le donjon, renfermant quatre cents milliers de poudre à canon, Vincennes, son bois, sa ville, sa campagne, et une partie du faubourg Saint-Antoine, devaient faire jaillir ensemble les pierres, les branches, la terre, les toits et les têtes humaines les mieux attachées.

Le meilleur auxiliaire que puisse trouver la discipline, c'est le danger. Quand tous sont exposés, chacun se tait et se cramponne au premier homme qui donne un ordre ou un exemple salutaire.

Le premier qui se jeta sur les caissons fut Timoléon. Son air sérieux et contenu n'abandonnait pas son visage; mais, avec une agilité qui me surprit, il se précipita sur une roue près de s'enflammer. A défaut d'eau, il l'éteignit en l'étouffant avec son habit, ses mains, sa poitrine qu'il y appuyait. On le crut d'abord perdu ; mais, en l'aidant, nous trouvâmes la roue noircie et éteinte, son habit brûlé, sa main gauche un peu poudrée de noir ; du reste, toute sa personne intacte et tranquille. En un moment tous les caissons furent arrachés de la cour dangereuse et conduits hors du fort, dans la plaine du polygone. Chaque canonnier, chaque soldat, chaque officier s'attelait, tirait, roulait, poussait les redoutables chariots, des mains, des pieds, des épaules et du front.

Les pompes inondèrent la petite poudrière par la noire ouverture de sa poitrine; elle était fendue de tous les côtés, elle se balança deux fois en avant et en arrière, puis ouvrit ses flancs comme l'écorce d'un grand arbre, et, tombant à la renverse, découvrit une sorte de four noir et fumant où rien n'avait forme reconnaissable, où toute arme, tout projectile était réduit en poussière rougeâtre et grise, délayée dans une eau bouillante; sorte de lave où le sang, le fer et le feu s'étaient confondus en mortier vivant, et qui s'écoula dans les cours en brûlant l'herbe sur son passage. C'était la fin du danger ; restait à se reconnaître et à se compter.

— On a dû entendre cela de Paris, me dit Timoléon en me serrant la main ; je vais lui écrire pour la rassurer. Il n'y a plus rien à faire ici.

Il ne parla plus à personne, et retourna dans notre petite maison blanche, aux volets verts, comme s'il fût revenu de la chasse.

# XIII

## UN DESSIN AU CRAYON

## XIII

UN DESSIN AU CRAYON

Quand les périls sont passés, on les mesure et on les trouve grands. On s'étonne de sa fortune; on pâlit de la peur qu'on aurait pu avoir; on s'applaudit de ne s'être laissé surprendre à aucune faiblesse, et l'on sent une sorte d'effroi réfléchi et calculé auquel on n'avait pas songé dans l'action.

La poudre fait des prodiges incalculables, comme ceux de la foudre.

L'explosion avait fait des miracles, non pas de force, mais d'adresse. Elle paraissait avoir mesuré ses coups et choisi son but. Elle avait joué avec nous; elle nous avait dit : — J'enlèverai celui-ci, mais non ceux-là qui sont auprès. Elle avait arraché de terre une arcade de pierres de taille, et l'avait envoyée tout entière avec sa forme sur le gazon, dans les champs, se coucher comme une ruine noircie par le temps. Elle avait enfoncé trois bombes à six pieds sous terre, broyé des pavés sous des boulets, brisé un canon de bronze par le milieu, jeté dans toutes les chambres toutes les fenêtres et toutes les portes, enlevé sur les toits les volets de la grande poudrière, sans un grain de sa poudre ; elle avait roulé dix grosses bornes de pierre comme les pions d'un échiquier renversé ; elle avait cassé les chaînes de fer qui les liaient, comme on casse des fils de soie, et en avait tordu les anneaux comme on tord le chanvre ; elle avait labouré sa cour avec les affûts brisés, et incrusté dans les pierres les pyramides de boulets, et, sous le canon le plus prochain de la poudrière détruite, elle avait laissé vivre la poule blanche que nous avions remarquée la veille. Quand cette pauvre poule sortit paisiblement de son lit avec ses petits, les cris de joie de nos bons soldats l'accueillirent comme une ancienne amie, et ils se mirent à la caresser avec l'insouciance des enfants.

Elle tournait en coquetant, rassemblant ses petits et portant toujours son aigrette rouge et son collier d'argent. Elle avait l'air d'attendre le maître qui lui donnait à manger, et courait tout effarée entre nos jambes, entourée de ses poussins. En la suivant, nous arrivâmes à quelque chose d'horrible.

Au pied de la chapelle étaient couchées la tête et la poitrine du pauvre Adjudant, sans corps et sans bras. Le pied que j'avais heurté avec mon pied en arrivant, c'était le sien. Ce malheureux, sans doute, n'avait pas résisté au désir de visiter encore ses barils de poudre et de compter ses obus, et, soit le fer de ses bottes, soit un caillou roulé, quelque chose, quelque mouvement avait tout enflammé.

Comme la pierre d'une fronde, sa tête avait été lancée avec sa poitrine sur le mur de l'église, à soixante pieds d'élévation, et la poudre dont ce buste effroyable était imprégné, avait gravé sa forme en traits durables sur la muraille au pied de laquelle il retomba. Nous le contemplâmes longtemps, et personne ne dit un mot de commisération. Peut-être parce que le plaindre eût été se prendre soi-même en pitié pour avoir couru le même danger. Le chirurgien-major, seulement, dit : Il n'a pas souffert.

Pour moi, il me sembla qu'il souffrait encore; mais, malgré cela, moitié par une curiosité invincible, moitié par bravade d'officier, je le dessinai.

Les choses se passent ainsi dans une société d'où la sensibilité est retranchée. C'est un des côtés mauvais du métier des armes que cet excès de force où l'on prétend toujours guinder son caractère. On s'exerce à durcir son cœur, on se cache de la pitié, de peur qu'elle ne ressemble à la faiblesse; on se fait effort pour dissimuler le sentiment de la compassion, sans songer qu'à force d'enfermer un bon sentiment on étouffe le prisonnier.

Je me sentis en ce moment très-haïssable. Mon jeune cœur était gonflé du chagrin de cette mort, et je continuais pourtant avec une tranquillité obstinée le dessin que j'ai conservé, et qui tantôt m'a donné des remords de l'avoir fait, tantôt m'a rappelé le récit que je viens d'écrire et la vie modeste de ce brave soldat.

Cette noble tête n'était plus qu'un objet d'horreur, une sorte de tête de Méduse; sa couleur était celle du marbre noir; les cheveux hérissés, les sourcils relevés vers le haut du front, les yeux fermés, la bouche béante comme jetant un cri. On voyait, sculptée sur ce buste noir, l'épouvante des flammes subitement sorties de de terre. On sentait qu'il avait eu le temps de cet effroi aussi rapide que la poudre, et peut-être le temps d'une incalculable souffrance.

— A-t-il eu le temps de penser à la Providence? me dit la voix paisible de Timoléon d'Arc*** qui, par-dessus mon épaule, me regardait dessiner avec un lorgnon.

En même temps, un joyeux soldat,

frais, rose et blond, se baissa pour prendre à ce tronc enfumé sa cravate de soie noire :

— Elle est encore bien bonne, dit-il.

C'était un honnête garçon de ma compagnie, nommé Muguet, qui avait deux chevrons sur les bras, point de scrupule ni de mélancolie, et *au demeurant le meilleur fils du monde*. Cela rompit nos idées.

Un grand fracas de chevaux nous vint enfin distraire. C'était le roi. Louis XVIII venait en calèche remercier sa Garde de lui avoir conservé ses vieux soldats et son vieux château. Il considéra longtemps l'étrange lithographie de la muraille. Toutes les troupes étaient en bataille. Il éleva sa voix forte et claire pour demander au chef de bataillon quels officiers ou quels soldats s'étaient distingués.

— Tout le monde a fait son devoir, sire! répondit simplement M. de Fontanges, le plus chevaleresque et le plus aimable officier que j'aie connu, l'homme du monde qui m'a le mieux donné l'idée de ce que pouvaient être dans leurs manières le duc de Lauzun et le chevalier de Grammont.

Là-dessus, au lieu d'une croix d'honneur, le roi ne tira de sa calèche que des rouleaux d'or qu'il donna à distribuer pour les soldats, et, traversant Vincennes, sortit par la porte du bois.

Les rangs étaient rompus, l'explosion oubliée ; personne ne songea à être mécontent et ne crut avoir mieux mérité qu'un autre. Au fait, c'était un équipage sauvant son navire pour se sauver lui-même, voilà tout. Cependant j'ai vu depuis de moindres bravoures se faire mieux valoir.

Je pensai à la famille du pauvre Adjudant. Mais j'y pensai seul. En général, quand les princes passent quelque part, ils passent trop vite.

FIN

# TABLE

I. — Sur la responsabilité. . . . . . . . . .   1

II. — Les Scrupules d'honneur d'un soldat. . .  23

III. — Sur l'amour du danger. . . . . . . . .  43

IV. — Le Concert de famille. . . . . . . . . .  57

V. — *Histoire de l'Adjudant.* — Les Enfants de Montreuil et le tailleur de pierres. . .  75

VI. — Un Soupir. . . . . . . . . . . . . . .  87

## TABLE

| | |
|---|---|
| VII. — La Dame rose.  | 91 |
| VIII. — La Position du premier rang. | 109 |
| IX. — Une Séance. | 129 |
| X. — Une Belle soirée. | 143 |
| XI. — Fin de l'histoire de l'Adjudant. | 169 |
| XII. — Le Réveil. | 179 |
| XIII. — Un Dessin au crayon. | 197 |

POISSY. — TYP. ET STÉR. DE A. BOURET.

www.ingramcontent.com/pod-product-compliance
Lightning Source LLC
Chambersburg PA
CBHW051913160426
43198CB00012B/1867